WICCA
GUÍA RÁPIDA
PARA PRACTICANTES

Una guía con información esencial para cualquier ritual y hechizo

Jasmine Cooke

Wicca - Guía Rápida para Practicantes: Una Guía con Información Esencial para Cualquier Ritual y Hechizo © 2020 por Jasmine Cooke. Todos los derechos reservados. Ninguna parte de este libro puede ser utilizada o reproducida de ninguna manera sin el permiso por escrito de Leirbag Press, excepto en el caso de citas breves incorporadas en artículos críticos y reseñas.

ISBN: 978-1-7770364-3-0 (Tapa Blanda)
ISBN: 978-1-7770364-6-1 (E-book)

Primera Edición 2020

Publicado por Leirbag Press, un sello editorial de Virgo Publishers.
contacto@virgopublishers.com

CONTENIDO

INTRODUCCIÓN　　　　　　　　5

AMISTAD　　　　　　　　　　7

AMOR　　　　　　　　　　　11

MATRIMONIO　　　　　　　　15

ATRACCIÓN SEXUAL　　　　　19

EMBARAZO　　　　　　　　　23

MENSAJE / CONTACTO　　　　27

SALUD / CURA　　　　　　　31

PROTECCIÓN　　　　　　　　35

PURIFICACIÓN　　　　　　　39

ENEMIGOS　　　　　　　　　43

SUEÑO LÚCIDO	47
ADIVINACIÓN	51
DINERO	55
SUERTE Y ÉXITO	59
BELLEZA	63
APÉNDICE: HECHIZOS DE DINERO Y AMOR	67

INTRODUCCIÓN

Siempre que necesitamos crear un nuevo ritual o hechizo, nos encontramos con algunas dudas, como cuál es el incienso correcto, el color de la vela, qué hierbas tienen los efectos deseados, etc. Con eso en mente, he preparado esta guía que tiene como objetivo eliminar todas estas dudas de forma rápida y práctica.

Wicca - Guía Rápida para Practicantes está dividida en áreas, tales como amistad, amor, matrimonio, etc. Cada una de estas áreas presenta la siguiente información relevante: los espíritus que nos pueden ayudar, astrología, artículos para rituales y hechizos, mantra y cartas del Tarot. Toda esta información puede ser utilizada en trabajos mágicos.

También proporciono una sugerencia sobre cómo usted debe proceder para lograr el resultado que desea. Finalmente, en el Apéndice, encontrará dos hechizos exclusivos de dinero y amor, preparados especialmente para usted.

Espero que usted, practicante de Wicca, encuentre en este libro las respuestas que necesita para comenzar o continuar su magia de una manera práctica pero efectiva.

AMISTAD

Espíritus Que Pueden Ayudar

Espíritu	Título	Incienso
Zeus	Dios	Olíbano, Musgo de Roble, Verbena, Salvia
Raguel	Arcángel	Ylang-Ylang, Magnolia
Mihr	Ángel	Olíbano
Aamon	Demonio (Marqués)	Jazmín

Astrología

Planeta	Dia de la Semana	Color
Venus	Viernes	Azul Celeste

Artículos para Rituales y Hechizos

- ❖ Vela rosa
- ❖ Incienso: Olíbano, Canela, Jazmín
- ❖ Miel
- ❖ Romero
- ❖ Flor del Guisante de Olor

Mantra

Om Hraum Mitraya Namaha
Om Eim Saraswatiyei Namaha
Om Eim Saraswatiyei Namaha

Traducción

Que la luz de la amistad brille a través de todo mi ser, atrayendo personas dignas hacia mí.

Cartas del Tarot

- ❖ Tres de Copas
- ❖ Seis de Copas

Sugestiones

Reconciliar una amistad requiere tiempo y paciencia. No trate de apresurar las cosas lanzando múltiples hechizos o trabajando con varios espíritus al mismo tiempo. Ten fe en tu trabajo mágico y espera a que aparezcan los resultados. Mi sugerencia es que trabajes con Aamon, ya que este demonio tiene la capacidad de causar amistad entre las personas. Además, se sabe que los demonios son espíritus más fáciles de trabajar.

AMOR

Espíritus Que Pueden Ayudar

Espíritu	Título	Incienso
Freya	Diosa	Nag Champa, Sándalo, Menta
Afrodita	Diosa	Rosa, Olíbano, Mirra, Vainilla, Canela, Ciprés
Eros	Dios	Rosa, Murta
Hathor	Diosa	Mirra, Canela

Astrología

Planeta	Dia de la Semana	Color
Venus	Viernes	Azul Celeste

Artículos para Rituales y Hechizos

- ❖ Velas: rosa, rojo
- ❖ Esencia y pétalos de rosa
- ❖ Incienso: Rosa, Lavanda, Jazmín, Fresa
- ❖ Manzana, fresa
- ❖ Clavo de olor, canela
- ❖ Azúcar, miel
- ❖ Aguamiel
- ❖ Vino rosado

Mantra

Que el amor puro y verdadero surja en mi vida. Que yo pueda amar y ser amado.

Cartas del Tarot

- ❖ El Enamorado
- ❖ Dos de Copas

Sugestiones

El amor es un sentimiento puro que surge espontáneamente entre dos personas. No es correcto tratar de obligar a alguien a amarnos. Por lo tanto, siempre trate de atraer el amor verdadero, el amor correspondido. Una opción es trabajar con Afrodita un viernes, porque también es conocida como la diosa Venus, una experta en temas de amor.

MATRIMONIO

Espíritus Que Pueden Ayudar

Espíritu	Título	Incienso
Hera	Diosa	Mirra, Rosa, Jazmín, Iris, Madreselva, Pachulí
Isis	Diosa	Mirra, Sándalo, Olíbano
Frigg	Diosa	Lirio de los Valles
Jeliel	Ángel	Benjuí

Astrología

Planeta	Dia de la Semana	Color
Venus	Viernes	Azul Celeste

Artículos para Rituales y Hechizos

- ❖ Velas: blanca, rosa
- ❖ Aceite esencial de clavo
- ❖ Incienso: Salvia, Lavanda
- ❖ Agua bendita
- ❖ Objetos que representan la unión de la pareja (certificado de matrimonio, alianzas, fotos, etc.)
- ❖ Vino espumoso o Champagne

Mantra

Om Radha Krishnaya Namaha

Traducción

Saludos a Radha y Krishna.

Cartas del Tarot

- ❖ El Enamorado
- ❖ Diez de Oros
- ❖ Diez de Copas
- ❖ Cuatro de Bastos

Sugestiones

Si su matrimonio está experimentando dificultades, es posible resolverlas con la ayuda de la magia. Pero nunca trate de forzar al otro a hacer lo que él o ella no quiere hacer. El objetivo de su trabajo mágico debe ser siempre traer paz y discernimiento a la pareja. Hera es una excelente opción de espíritu para trabajar. Es la reina de los dioses griegos y representa la maternidad y la familia. Hera siempre está dispuesta a ayudar a reconciliar un matrimonio en dificultades.

ATRACCIÓN SEXUAL

Espíritus Que Pueden Ayudar

Espíritu	Título	Incienso
Afrodita	Diosa	Rosa, Olíbano, Mirra, Vainilla, Canela, Ciprés
Eros	Dios	Rosa, Mirto, Olíbano, Mirra, Manzana
Lilith	Demonio	Jazmín, Rosa

Astrología

Planeta	Dia de la Semana	Color
Venus	Viernes	Azul Celeste

Artículos para Rituales y Hechizos

- ❖ Vela roja
- ❖ Pimienta roja
- ❖ Vino tinto
- ❖ Rosa roja
- ❖ Jengibre
- ❖ Ropa interior
- ❖ Juguetes sexuales

Mantra

Om Kroom Lingaya Om

Cartas del Tarot

- ❖ El Enamorado
- ❖ La Emperatriz
- ❖ As de Bastos
- ❖ El Diablo

Sugestiones

La magia sexual es muy poderosa y puede atraer parejas sexuales a tu vida o mejorar tu relación actual. Un consejo para realzar el efecto de este tipo de magia es masturbarse durante el ritual, pero siempre teniendo en cuenta que se trata de un acto sagrado. Si eres un hombre, también puedes usar tu semen como ofrenda al espíritu con el que estás trabajando.

EMBARAZO

Espíritus Que Pueden Ayudar

Espíritu	Título	Incienso
Hera	Diosa	Mirra, Rosa, Jazmín, Iris, Madreselva, Pachulí
Isis	Diosa	Mirra, Sándalo, Olíbano
Taweret	Diosa	Olíbano, Mirra
Freya	Diosa	Nag Champa, Sándalo, Menta

| Frigg | Diosa | Lirio de los Valles |

Astrología

Planeta	Dia de la Semana	Color
Luna	Lunes	Plata

Artículos para Rituales y Hechizos

- ❖ Vela verde
- ❖ Incienso: Manzana, Floral, Jazmín, Caléndula, Frambuesa, Rosa Roja
- ❖ Cristales: Piedra Lunar, Cornalina, Cuarzo Rosa, Fluorita
- ❖ Aceites esenciales: Geranio, Lavanda, Rosa

Mantra

Om Devki-sut Govind Vasudev Jagatpate
Dehi Me Tanyam Krishna Twamham Sharnam Gateh

Traducción

*Oh Hijo de Devaki y Vasudeva, el Señor del Universo.
Oh Krishna! Dame un hijo. Me refugio en ti.*

Cartas del Tarot

- ❖ La Emperatriz
- ❖ El Sol
- ❖ As de Bastos
- ❖ As de Copas
- ❖ Sota de Copas

Sugestiones

Prepare un ritual para ser realizado en una noche de luna llena. Si es posible, hágalo al aire libre en un día en que la Luna sea visible en el cielo. Si tienes un compañero y estás tratando de quedar embarazada de él, puede ser una buena opción incluir la magia sexual en el ritual.

MENSAJE / CONTACTO

Espíritus Que Pueden Ayudar

Espíritu	Título	Incienso
Hermes	Dios	Alcanfor, Mirra, Azafrán, Sangre de Dragón
Iris	Diosa	Iris, Violeta, Lavanda, Mirra
Exú	Orixá (deidad africana)	Cereza, Sandía, Pimienta

| Gabriel | Arcángel | Sándalo Blanco, Ginseng, Alcanfor |

Astrología

Planeta	Dia de la Semana	Color
Mercurio	Miércoles	Púrpura

Artículos para Rituales y Hechizos

❖ Incienso de cualquier tipo (el humo del incienso representa el elemento del aire que llevará su mensaje a su objetivo)

❖ Objetos que representan la comunicación

❖ Foto de la persona

Mantra

[Nombre de la persona] se pondrá en contacto conmigo lo antes posible. Hablaremos en paz y resolveremos todas las cuestiones que existen entre nosotros.

Cartas del Tarot

- ❖ Todas las Sotas (copas, espadas, oros, bastos)
- ❖ Ocho de Bastos

Sugestiones

A veces no es posible ponerse en contacto directamente con alguien con quien tenemos que hablar. En este caso, la magia puede ayudarnos a convencer a alguien de que se ponga en contacto con nosotros. Utilice el elemento aire para llevar su mensaje a la persona con la que desea comunicarse. Sea claro en su mensaje y pídale que se ponga en contacto con usted lo antes posible.

SALUD / CURA

Espíritus Que Pueden Ayudar

Espíritu	Título	Incienso
Apolo	Dios	Ciprés, Clavo de Olor, Canela, Artemisa
Omolú	Orixá (deidad africana)	Alcanfor, Violeta, Dama de Noche, Café
Aladiah	Ángel	Lavanda
Mitzrael	Ángel	Menta
Anauel	Ángel	Eucalipto

Astrología

Planeta	Dia de la Semana	Color
Sol	Domingo	Amarillo

Artículos para Rituales y Hechizos

- ❖ Velas: roja, verde, azul
- ❖ Cristales: Amatista, Cuarzo
- ❖ Luz violeta
- ❖ Incienso: Salvia, Sándalo, Olíbano

Mantra

Om Tryambakam Yajamahe
Sugandhim Pushti Vardhanam
Urva Rukamiva Bandhanan
Mrityor Mukshiya Mamritat

Traducción

Adoremos al Señor Shiva, que es sagrado y nutre a todos los seres. Así como un pepino maduro es liberado de la rama que está unido tan pronto como maduro, así también nosotros somos liberados de la muerte (del cuerpo mortal), concediéndonos la realización de la naturaleza inmortal.

Cartas del Tarot

- ❖ El Sol
- ❖ La Fuerza
- ❖ El Mago
- ❖ El Loco
- ❖ El Emperador
- ❖ La Emperatriz

Sugestiones

Siempre busque la ayuda de un médico para cualquier problema de salud. Las ayudas espirituales deben ser usadas en conjunción con los tratamientos médicos convencionales. Dicho esto, puedes hacer un ritual energizante con Amatista, combinado con un ambiente iluminado con luz violeta, mientras mentalizas tu cuerpo envuelto en llamas de luz violeta. Esta combinación es realmente poderosa.

PROTECCIÓN

Espíritus Que Pueden Ayudar

Espíritu	Título	Incienso
Zeus	Dios	Olíbano, Musgo de Roble, Verbena, Salvia
Odín	Dios	Sangre de Dragón, Pino, Sándalo
Miguel	Arcángel	Incienso de San Miguel Arcángel

Lucifer	Rey, Emperador, Príncipe	Sándalo, Lavanda, Cedro

Astrología

Planeta	Dia de la Semana	Color
Saturno	Sábado	Negro

Artículos para Rituales y Hechizos

- ❖ Vela negra
- ❖ Incienso: Mirra, Siete Hierbas, Citronela, Sangre de Dragón
- ❖ Ajo, pimienta
- ❖ Plantas: Romero, Ruda, Dieffenbachia, Espada de San Jorge

Mantra

Aad Guray Nameh
Jugaad Guray Nameh
Sat Guray Nameh

Siri Guroo Dayvay Nameh

Traducción

Me inclino ante el Gurú.
Me inclino ante el Gurú de todas las eras.
Me inclino ante el Verdadero Gurú.
Me inclino ante el Gran Gurú Invisible.

Cartas del Tarot

- ❖ El Hierofante
- ❖ La Estrella
- ❖ La Sacerdotisa

Sugestiones

Para atraer protección a su vida, puede contar con la ayuda de uno de los poderosos espíritus enumerados al principio de este capítulo, combinado con un baño de hierbas protectoras, como la Espada de San Jorge.

PURIFICACIÓN

Espíritus Que Pueden Ayudar

Espíritu	Título	Incienso
Hefesto	Dios	Olíbano, Sangre de Dragón, Pino
Apolo	Dios	Ciprés, Clavo de Olor, Canela, Artemisa
Loki	Dios	Sangre de Dragón, Pimienta
Baldur	Dios	Canela, Olíbano

| Miguel | Arcángel | Incienso de San Miguel Arcángel |

Astrología

Planeta	Dia de la Semana	Color
Sol	Domingo	Amarillo

Artículos para Rituales y Hechizos

- ❖ Velas: blanca, gris, negra
- ❖ Incienso: Mirra, Sándalo, Menta
- ❖ Hierbas: Guinea, Albahaca, Pimienta
- ❖ Sal gruesa

Mantra

Om Gam Ganapataye Namaha

Traducción

Saludos al Eliminador de Obstáculos.

Cartas del Tarot

❖ La Muerte

❖ La Torre

Sugestiones

Todos los espíritus mencionados en este capítulo son regentes del fuego o tienen el fuego como su elemento. Por lo tanto, es una gran idea usar el fuego para purificar cualquier ambiente o su vida. Pero esta purificación ocurre mentalmente, visualizando el elemento fuego expandiendo y purificando todo el espacio. NUNCA ponga fuego en ningún material u objeto.

ENEMIGOS

Espíritus Que Pueden Ayudar

Espíritu	Título	Incienso
Odín	Dios	Sangre de Dragón, Pino, Sándalo
Miguel	Arcángel	Incienso de San Miguel Arcángel
Nelchael	Ángel	Lavanda
Hahahel	Ángel	Manzanilla
Malphas	Demonio (Príncipe)	Storax

| Haures | Demonio (Duque) | Sándalo |

Astrología

Planeta	Dia de la Semana	Color
Saturno	Sábado	Negro

Artículos para Rituales y Hechizos

- ❖ Vela negra
- ❖ Incienso: Olíbano, San Miguel, Eucalipto
- ❖ Agua bendita
- ❖ Sal gruesa
- ❖ Foto del enemigo

Mantra

Om Hleem Baglamukhi Sarwdushtanam Wacham Mukham Padam Stambhay Jihwa Kilay Buddhi Vinashay Hleem Om Swaha

Traducción

Diosa, detén el discurso y los pies de todos mis enemigos. Destruye su intelecto.

Cartas del Tarot

- ❖ El Carro
- ❖ Cinco de Espadas

Sugestiones

Haz un ritual de destierro con la foto del enemigo pidiéndole que se aleje completamente de tu vida. Finalmente, queme la foto con la llama de una vela negra.

SUEÑO LÚCIDO

Espíritus Que Pueden Ayudar

Espíritu	Título	Incienso
Hécate	Diosa	Mirra, Granada, Artemisa, Canela, Amapola
Hahahiah	Ángel	Romero, Lavanda
Lauviah	Ángel	Benjuí

Astrología

Planeta	Dia de la Semana	Color
Neptuno	No tiene	Negro

Nota: Neptuno es sin duda el planeta responsable de los sueños, la intuición y la sensibilidad psíquica, pero no es uno de los siete planetas principales que gobiernan nuestras vidas debido a su distancia de la Tierra. Por lo tanto, no tiene un día de la semana en que gobierna.

Artículos para Rituales y Hechizos

- ❖ Vela plateada
- ❖ Incienso: Jazmín, Opio, Artemisa, Rosa
- ❖ Cristales
- ❖ Aceites esenciales: Rosa, Sándalo, Pachulí, Clavo de Olor, Anís, Romero, Cedro, Artemisa

Mantra

La próxima vez que sueñe, recordaré que estoy soñando.

Cartas del Tarot

- ❖ As de Espadas
- ❖ Rey de Espadas

Sugestiones

Antes de acostarse, encienda uno de los inciensos enumerados en este capítulo. Luego acuéstate en la cama en una posición cómoda y comience a cantar el mantra hasta que te duermas. IMPORTANTE: Coloque el incienso en un recipiente apropiado a prueba de fuego. Mantenga el lugar ventilado con la ventana abierta.

ADIVINACIÓN

Espíritus Que Pueden Ayudar

Espíritu	Título	Incienso
Hécate	Diosa	Mirra, Granada, Artemisa, Canela, Amapola
Apolo	Dios	Ciprés, Clavo de Olor, Canela, Artemisa

Hermes	Dios	Alcanfor, Mirra, Azafrán, Sangre de Dragón, Clavo de Olor
Isis	Diosa	Mirra, Sándalo, Olíbano

Astrología

Planeta	Dia de la Semana	Color
Neptuno	No tiene	Negro

Nota: Neptuno es sin duda el planeta responsable de los sueños, la intuición y la sensibilidad psíquica, pero no es uno de los siete planetas principales que gobiernan nuestras vidas debido a su distancia de la Tierra. Por lo tanto, no tiene un día de la semana en que gobierna.

Artículos para Rituales y Hechizos

- ❖ Incienso: Alcanfor, Jazmín, Artemisa, Rosa
- ❖ Objetos que reflejan: espejo negro, cuenco con agua, bola de cristal
- ❖ Tarot, Lenormand, Tarot Gitano
- ❖ Runas, monedas

Mantra

Ong Namo Guru Dev Namo

Traducción

Me inclino ante la Inteligencia Infinita y la Sabiduría Creativa. Me inclino ante el Divino Maestro interno.

Cartas del Tarot

- ❖ La Sacerdotisa
- ❖ La Luna
- ❖ As de Copas
- ❖ Cuatro de Copas

❖ As de Espadas

Sugestiones

La adivinación requiere habilidades psíquicas naturales o un completo dominio de herramientas de adivinación, como el Tarot, por ejemplo. Pruebe Lenormand, que es una baraja con una curva de aprendizaje más pequeña que el Tarot.

DINERO

Espíritus Que Pueden Ayudar

Espíritu	Título	Incienso
Hades	Dios	Olíbano, Ciprés, Narciso, Menta, Granada, Pachulí, Mirra
Njord	Dios	Cedro, Verbena
Bune	Demonio (Duque)	Sándalo
Seere	Demonio (Príncipe)	Cedro

Astrología

Planeta	Dia de la Semana	Color
Júpiter	Jueves	Azul

Artículos para Rituales y Hechizos

- ❖ Vela verde
- ❖ Incienso: Canela, Clavo de Olor, Pachulí, Jazmín, Vetiver, Vainilla, Pino, Azafrán, Cardamomo
- ❖ Plantas: Planta del Dinero, Trébol

Mantra

Om Shreem Mahalakshmiyei Namaha

Traducción

Saludos a la gran Lakshmi. Que derrames tus bendiciones sobre mí.

Cartas del Tarot

- ❖ Diez de Oros
- ❖ Seis de Bastos
- ❖ Nueve de Oros
- ❖ As de Oros
- ❖ La Rueda de la Fortuna

Sugestiones

Cuando queremos atraer más dinero a nuestras vidas, tiene que haber una fuente de donde provenga el dinero. Por lo tanto, concéntrese siempre en cosas concretas, como un aumento de sueldo, un mejor trabajo, un aumento de las ventas de su empresa, etc. Pedir más dinero sin especificar cómo debe ocurrir esto, puede resultar en consecuencias indeseables.

SUERTE Y ÉXITO

Espíritus Que Pueden Ayudar

Espíritu	Título	Incienso
Tique	Diosa	Olíbano
Ganesh	Dios	Caléndula, Jazmín, Bálsamo de Limón
Lelahel	Ángel	Rosas
Lehahiah	Ángel	Romero
Yelaiah	Ángel	Hinojo
Bune	Demonio (Duque)	Sándalo

Astrología

Planeta	Dia de la Semana	Color
Júpiter	Jueves	Azul

Artículos para Rituales y Hechizos

- ❖ Vela verde
- ❖ Incienso: Limón, Vainilla, Santo Expedito, Lavanda
- ❖ Hierbas: Orégano, Menta, Pachulí, Albahaca, Laurel

Mantra

Chig Du Drol Chon Nu Nyid Chang Dam Pei Ne

Traducción

Gran Espíritu de los Ocho Destinos, dame la Quintaesencia de la Infinita Suerte.

Cartas del Tarot

- ❖ As de Oros
- ❖ As de Copas
- ❖ El Sol
- ❖ El Mundo
- ❖ La Estrella

Sugestiones

Lo primero que hay que hacer para atraer la suerte y el éxito es eliminar los obstáculos en su vida. Por lo tanto, comience haciendo un ritual de purificación para deshacerse de todas las influencias negativas. En un jueves - día de Júpiter - prepare un baño con las hierbas enumeradas en este capítulo para atraer la suerte y el éxito en todas las áreas.

BELLEZA

Espíritus Que Pueden Ayudar

Espíritu	Título	Incienso
Freya	Diosa	Nag Champa, Sándalo, Menta
Afrodita	Diosa	Rosa, Olíbano, Mirra, Vainilla, Canela, Ciprés
Hathor	Diosa	Mirra, Canela
Jophiel	Arcángel	Clavo de Olor

Astrología

Planeta	Dia de la Semana	Color
Venus	Viernes	Azul Celeste

Artículos para Rituales y Hechizos

- ❖ Vela rosa
- ❖ Incienso de Lavanda
- ❖ Pétalos de rosas de color rosa
- ❖ Vino rosado

Mantra

Om Padma Sundharyei Namaha

Traducción

Om y saludos a Ella que encarna la belleza.

Cartas del Tarot

- ❖ El Sol

❖ La Estrella

❖ La Emperatriz

Sugestiones

Prepare un baño con pétalos de rosa y ilumine el lugar con velas rosas. Escriba un conjuro llamando a Afrodita y recítalo durante el baño de belleza. Realice este ritual un viernes, el día de Venus.

APÉNDICE: HECHIZOS DE DINERO Y AMOR

Dinero

En este hechizo trabajaremos con el dios Hades, por lo que todos los objetos utilizados son parte de la naturaleza de Hades. Así que, en lugar de usar una vela verde, usaremos una vela negra.

Lo necesitarás:

- ❖ Una vela negra
- ❖ Una botella de vino
- ❖ Hojas de menta
- ❖ Incienso: Menta, Granada o Mirra

- ❖ Un plato o platillo

Este hechizo debe realizarse en el suelo. No ignores este detalle.

1 - Coloque la vela en el centro del plato y las hojas de menta alrededor de la vela.

2 - Encienda el incienso y llame por el nombre de Hades durante aproximadamente tres minutos.

3 - Encienda la vela negra y luego vierta un poco de vino en el suelo.

4 - Haga sus pedidos a Hades de forma clara y directa. Repítalo tres veces.

5- Vierta un poco más de vino en la tierra y agradezca a Hades por recibir sus peticiones.

*Deje que la vela y el incienso ardan hasta el final.

*No es necesario utilizar todo el vino de la botella. El vino sobrante, se puede consumir normalmente.

Amor

No es propio de mí enseñar hechizos para manipular a alguien. Pero como sé que la mayoría de las personas que buscan hechizos de "amor" quieren atraer a una persona específica, decidí poner en este libro una forma de lograr este objetivo.

Lo necesitarás:

- ❖ Una vela roja
- ❖ Incienso de Jazmín
- ❖ Una manzana y unas fresas
- ❖ Pétalos de rosa rojos
- ❖ Una botella de vino tinto
- ❖ Una taza de vidrio
- ❖ Papel en blanco
- ❖ Bolígrafo rojo

Este hechizo debe realizarse entre las 3:00 y las 4:00 de la mañana

1 - En una hoja de papel en blanco, escriba exactamente lo que quieres que suceda entre tú y la persona

que amas, incluyendo tu nombre y el nombre da la persona.

2 - Coloque la vela en el centro del plato y decórelo con pétalos de rosa, fresas y manzana.

3 - Coloque la taza y la botella de vino delante del plato. Deje la botella abierta para facilitar el proceso.

4 - Encienda el incienso y llame por el nombre de Lilith durante unos tres minutos.

5 - Continúe llamando a Lilith mientras enciendes la vela roja.

6 - Vierta un poco de vino en la taza y ofrézcalo a Lilith.

7 - Pregúntale a Lilith exactamente lo que escribiste en el papel. Haz esto por tres veces. Luego queme el papel en la llama de la vela.

8 - Agradezca la presencia de Lilith y permanezca en silencio por unos minutos contemplando su trabajo.

*Deje que la vela y el incienso ardan hasta el final.

*El vino restante se puede consumir normalmente.

www.ingramcontent.com/pod-product-compliance
Lightning Source LLC
Chambersburg PA
CBHW070050120526
44589CB00034B/1843